Redação empresarial

SÉRIE POR DENTRO DO TEXTO

Maria Alice Braga

Redação empresarial

EDITORA intersaberes

Rua Clara Vendramin, 58 . Mossunguê
CEP 81200-170 . Curitiba . PR . Brasil
Fone: (41) 2106-4170
www.intersaberes.com
editora@editoraintersaberes.com.br

Conselho editorial
Dr. Ivo José Both
Drª. Elena Godoy
Dr. Nelson Luís Dias
Dr. Neri dos Santos
Dr. Ulf Gregor Baranow

Editora-chefe
Lindsay Azambuja

Supervisora editorial
Ariadne Nunes Wenger

Analista editorial
Ariel Martins

Projeto gráfico
Raphael Bernadelli

Capa
Clarissa Martinez Menini

Fotografia da capa
Clarissa Martinez Menini

1ª edição, 2013.

Foi feito o depósito legal.

Informamos que é de inteira responsabilidade da autora a emissão de conceitos.

Nenhuma parte desta publicação poderá ser reproduzida por qualquer meio ou forma sem a prévia autorização da Editora InterSaberes.

A violação dos direitos autorais é crime estabelecido na Lei nº 9.610/1998 e punido pelo art. 184 do Código Penal.

Dados Internacionais de Catalogação na Publicação (CIP)
(Câmara Brasileira do Livro, SP, Brasil)

Braga, Maria Alice
  Redação empresarial/Maria Alice Braga. – Curitiba: InterSaberes, 2013. – (Série Por Dentro do Texto).

  Bibliografia.
  ISBN 978-85-8212-581-6

  1. Comunicação na empresa 2. Correspondência comercial 3. Redação comercial I. Título. II. Série.

12-09979   CDD-808.066651

Índices para catálogo sistemático:
  1. Redação empresarial 808.066651

Sumário

Apresentação, VII

(1) Qualidade do estilo, 11
    1.1 Elementos importantes da escrita, 14
    1.2 Alguns passos importantes, 18
    1.3 Os pecados do estilo empresarial, 19

(2) Documentos administrativos, 25
    2.1 Tipos de documentos, 28

(3) Modelos de documentos, 41

(**4**) Relatório, 55

    4.1   Como redigir um relatório, 59

    4.2   Tipos de relatório, 59

    4.3   Organização do relatório, 60

    4.4   Composição do relatório, 61

(**5**) Correspondência eletrônica, 67

    5.1   *E-mail* na empresa, 70

    5.2   *E-mail* como ferramenta, 71

    5.3   Elegância na internet, 72

(**6**) Questões de língua portuguesa, 77

    6.1   Abreviaturas, 80

    6.2   Acentuação gráfica, 86

    6.3   Crase, 88

    6.4   Emprego dos porquês, 91

    6.5   Pronomes oblíquos, 92

    6.6   Concordância nominal, 95

(**7**) Dúvidas, 103

    7.1   Dúvidas gramaticais, 106

Considerações finais, 113

Referências, 115

Gabarito, 117

Apresentação

A escrita não se restringe àqueles que têm o dom para tal, como reconhecidos jornalistas, escritores, poetas ou advogados. Todos necessitam, de alguma maneira, dominar a língua materna, pois, em lugares como escritórios, repartições públicas e escolas, existem pessoas redigindo para informar, orientar, ordenar, enfim, para prestar contas. A esse tipo de escrita técnica, denominamos *redação empresarial*.

Enquanto na redação literária há preocupação com aspectos artísticos da linguagem e com emprego de figuras e jogos de palavras, a redação empresarial não tem apenas o objetivo comercial, mas também a projeção da organização, contribuindo, assim, para a construção da imagem da empresa. Além disso, possui um padrão de escrita mais flexível que a redação oficial, com estilo próprio e visual bem acabado.

Nessa perspectiva, a presente obra tem como intuito expor de modo sucinto aspectos relacionados com o estilo, pois trata, fundamentalmente, de questões da linguagem e revela fenômenos comunicativos do indivíduo inserido em um contexto social.

Com essa postura, procuramos produzir um material objetivo e claro na apresentação dos conceitos, sem torná-los maçantes, e, ao mesmo tempo, que trate de experiências linguísticas cotidianas das pessoas. Assim, percorrendo os caminhos da redação empresarial entre a escrita de documentos oficiais ou comerciais, foram inseridos aspectos da gramática que podem ajudar na elaboração de um texto preciso, eliminando dúvidas que possam pairar sobre aqueles que pretendem produzir um texto correto.

Redação empresarial é uma obra simples, que condensa os principais elementos para se redigir um texto de natureza comercial ou oficial e vale-se de obras de autores que já desenvolveram esse tema, sendo então empregados aqui conceitos desenvolvidos nos livros utilizados como fonte de pesquisa. É dirigida não apenas ao público específico da administração, mas também a todas as pessoas que buscam aprender ou lembrar como escrever sob o prisma atual da comunicação imediata e efetiva.

Desejo que o leitor faça bom uso deste incipiente material, que pretende ser útil na medida em que possa atingir quem procura conhecimento nesse segmento da nossa língua.

(1)

Qualidade do estilo

Maria Alice Braga é formada em Letras pela Pontifícia Universidade Católica do Rio Grande do Sul (PUCRS), mestre em Teoria da Literatura e doutora em Crítica Genética, ambas também pela PUCRS.

Maria Alice Braga

Na linguagem falada, dispomos de vários recursos que não existem na escrita, como o timbre da voz, a entonação, os gestos, os movimentos fisionômicos e o contexto que une o falante e o ouvinte. Como a escrita não possui tais componentes para ajudar na comunicação efetiva, devemos compensar com um discurso claro, objetivo e elegante. Isso é possível por meio da disposição de palavras, frases, espaços, margens, parágrafos, enfim, da estética do texto.

Nessa perspectiva, a apresentação escrita é de suma importância na redação empresarial, sendo responsável, muitas vezes, pela criação de atitudes favoráveis em relação ao que se deseja comunicar.

Neste capítulo, vamos tratar dos pontos importantes para uma boa escrita, que são: harmonia, clareza, coerência e concisão, os quais, como já referido, conferem ao texto maior leveza, objetividade e compreensão.

Do mesmo modo, destacaremos os passos a serem seguidos para o procedimento de uma boa escrita e, ao final, abordaremos aspectos que chamamos de *pecados do estilo empresarial*.

(1.1)

Elementos importantes da escrita

Aqui estão descritas a harmonia, a clareza, a coerência e a concisão, tidas como fundamentais em uma redação empresarial.

Harmonia

Mensagem harmoniosa é elegante e soa bem aos ouvidos. Muitos fatores interferem negativamente na harmonia, tais como:

Aliteração

Consiste na repetição do mesmo fonema. É um recurso de efeito nos textos literários e possui o mesmo efeito em uma redação formal.

Exemplo: *Certo de s̲eu suces̲s̲o, o s̲uces̲s̲or fez a s̲eguinte as̲s̲ertiva...* (aliteração do fonema /s/)

Hiatismo

Constitui-se na emenda de vogais, sendo uma prática que produz som pouco claro, em especial, no que se refere à escrita técnica ou empresarial.
Exemplo: *Obedeço à̲ a̲utora da minha vida.*

Cacofonia

Consiste no resultado de sons grotescos ou até mesmo confusos pela sequência de palavras, cujas letras finais (vogais ou consoantes), mal distribuídas na frase, provocam tal sonoridade.
Exemplo: *O ingresso custa R$50,00 por cada.*

Rima

Consiste na musicalidade produzida pela repetição de letras ou palavras no texto. A rima é inaceitável em uma redação empresarial, embora seja um excelente recurso literário.
Exemplo: *O dire̲to̲r̲ chamou o asses̲s̲o̲r̲, para falar da co̲r̲ do moto̲r̲ que será mostrado na exposição.*

Repetição de palavras

Constitui-se na repetição exagerada de termos em um texto. Em uma redação empresarial, a repetição inadvertida de termos é deselegante.
Exemplo: *O presidente da Cia. Geral de Seguros é parente do presidente da empresa na qual trabalho; ele é um presidente muito ativo.*

Excesso de "que"

Consiste no uso excessivo de *que*, conferindo ao período certa deselegância. Segundo Santos (2007), "demonstra que o autor não domina o idioma quanto à substituição das orações desenvolvidas por expressões equivalentes".
Exemplo: *Solicitei-lhe que remetesse as notas que faltam a fim de que eu possa arquivar os documentos que faltam.*

Clareza

É necessário pensar no que se deseja dizer e procurar ser direto na construção das sentenças, valendo-se de uma linguagem simples e sem excesso de palavras. Do mesmo modo, os termos estrangeiros, assim como os jargões, devem ser empregados com parcimônia. Ainda, deve-se ter cuidado com o abuso de termos técnicos, para não tornar o texto incompreensível.

Não se pode esquecer os advérbios, mas eles também não devem ser exagerados.

Advérbio é um termo que modifica o verbo, o adjetivo ou o próprio advérbio. É invariável, isto é, não flexiona como o adjetivo.

Exemplo: *A secretária mostrou-se* MEIO *cansada ao ler a Ata de encerramento da reunião.*

(observe que a palavra *meio* funciona como um advérbio, modifica o adjetivo "cansada" e permanece invariável)

Cuidado com as conjunções *entretanto, no entanto, porém, como*, pois podem estar fora do contexto, sendo, assim, dispensáveis. Do mesmo modo, a forma nominal do gerúndio deve ser evitada porque empobrece o texto.

Gerúndio é uma forma do verbo que denota continuidade da ação em determinado tempo.

Vamos ver alguns princípios que ajudam a clareza:

- Evitar períodos longo.
- Evitar palavras desnecessárias.
- Escolher verbos com maior força significativa (que sejam diretos, objetivos).
- Usar palavras de fácil compreensão ao leitor.

Coerência

A redação empresarial deve acatar o princípio de que cada frase ou parágrafo contribui para o objetivo do texto, a partir de um formato predefinido. Isso significa ligação de ideias, palavras, orações e parágrafos, assim como uniformidade de tratamento às argumentações. Os textos devem organizar-se de forma ordenada, com início, meio e fim. Quanto maior o conhecimento do vocabulário técnico, melhor será a redação empresarial.

Para que um texto seja coerente, isto é, harmônico e coeso, é necessário que os conceitos sejam expostos de modo claro e lógico, pois coerência e clareza formam um todo. Para tanto, observe os passos:

- Seguir uma ordem cronológica dos fatos.
- Seguir uma ordem espacial, que apresenta os elementos mais próximos e, depois, os mais distantes.
- Seguir uma ordem lógica, isto é, escrever com coerência de raciocínio.

Concisão

Consiste em informar ao máximo com economia de palavras, eliminando termos supérfluos e a adjetivação exagerada. A concisão confere clareza à frase.

Observe a seguir algumas regras práticas de concisão:

- Planejar o que se escreve.
- Evitar comentários demasiados.
- Economizar palavras e frases.
- Retirar ideias excessivas.

(1.2) Alguns passos importantes

Todos podem escrever bons textos. Com técnica, método e prática você é capaz de melhorar sua redação, basta ter coragem para escrever, ler e simplificar. Leia o seu texto em voz alta, acrescente, modifique e corte o que não serve.

Dentro da perspectiva da redação empresarial, escrevemos para informar, providenciar, solucionar, negociar com o cliente ou futuro cliente, fornecedor, parceiro etc. Assim, quem define o modo (como), a hora (quando) e o motivo (porquê) de escrever é o cliente.

Para que um documento seja redigido de modo claro, há perguntas que devem ser feitas, como:

- O que comunicar?
- Como fazer?
- Para quem?

Na linguagem jornalística, o parágrafo inicial deve conter resumidamente as principais informações a serem tratadas e deve procurar responder às seguintes questões: O quê? Quem? Quando? Onde? Por quê? Os demais parágrafos são organizados de acordo com o interesse da notícia ou da reportagem. Na comunicação escrita empresarial, acontece o mesmo processo. Desse modo, o leitor não pode ter qualquer dúvida relacionada ao documento escrito.

Por isso, devemos utilizar palavras, datas e valores precisos, bem como conhecer as expressões técnicas. Também devemos ler, pesquisar, perguntar para ampliar o vocabulário comercial e, assim, facilitar a escrita, pois o conhecimento é a base para a criatividade e a qualidade.

A leitura, sem distinção, acrescenta informações e desenvolve o juízo crítico, além de auxiliar a apreensão do conhecimento gramatical.

(1.3)
Os pecados do estilo empresarial

Para que a escrita de um texto empresarial moderno e adequado se faça, a primeira atitude é eliminar os vícios de linguagem, os quais tornam o texto monótono, pesado e ultrapassado.

Quais são os vícios que prejudicam o texto? Vamos observar a seguir exemplos de frases feitas ou clichês, que desgastam pela repetição excessiva, perdendo a força original.

- *A toque de caixa*
- *Agradar a gregos e troianos*
- *Agradável surpresa*
- *Alto e bom som*
- *Aparar as arestas*
- *Calorosa recepção*

- Cartada decisiva
- Crítica construtiva
- Dar a volta por cima
- Inserido no contexto
- Leque de opções
- Parcos conhecimentos
- Perda irreparável
- Pôr a casa em ordem
- Pôr a mão na massa
- Silêncio mortal
- Subir os degraus da glória

Há, ainda, os chavões, ou seja, vícios já incorporados como linguagem do texto empresarial. Geralmente são expressões antiquadas que os redatores insistem em utilizar. Vejamos alguns exemplos:

Quadro 1.1 – Chavões mais usados

No lugar de:	É preferível:
Acusamos o recebimento de...	Recebemos...
Anexo a presente...	Anexamos...
Levamos ao seu conhecimento...	Entrar direto no assunto.
Esclarecemos, outrossim...	No lugar de *outrossim*: ainda, também.
Sem mais/ Sem mais para o momento.	Atenciosamente.
Vimos pela presente/ vimos por meio desta...	Entrar direto no assunto.

Outra situação que devemos evitar refere-se a algumas

construções com artigos e pronomes possessivos e demonstrativos que se transformam em verdadeiros empecilhos para uma boa escrita. Essas más-formações ou, ainda, sons repetitivos (*ão, mente, cia, ia* etc.) podem levar à ambiguidade, que é provocada pela má ordenação dos termos na frase. Exemplos:

- *Temos roupas para mulheres pretas e ternos para homens.*
  ("pretas" refere-se a roupas, mas parece se referir a mulheres.)
- *O diretor discutiu com a secretária e estragou seu dia.*
  (quem ficou com dia estragado?)
- *O senhor João reclamou a perda do seu cartão de crédito na seção de informação ao consumidor.*

Outro vício de linguagem é a tautologia, que consiste em dizer a mesma coisa de diversas maneiras. É um aspecto prejudicial ao bom entendimento do texto. Veja a seguir alguns exemplos de tautologia:

- *Conviver junto*
- *Destaque excepcional*
- *Detalhes minuciosos*
- *Exceder em muito*
- *Fato real*
- *Há dois anos atrás*
- *Inteiramente à disposição*
- *Interromper de uma vez só*
- *Passatempo passageiro*
- *Retornar de novo*
- *Repetir novamente*
- *Surpresa inesperada*

Como você pôde ver, tautologia é o processo de repetição, enquanto o circunlóquio, ou perífrase, consiste em dizer em muitas palavras o que se poderia dizer em poucas.

Vamos observar os exemplos:

Quadro 2.1 – Circunlóquios

Circunlóquio	Forma adequada
Chegar a uma conclusão	Concluir
Com o intuito de/com o propósito de	Para
Constata-se que estão de acordo com	Concordam
Durante o tempo em que	Enquanto
Levar a efeito um estudo	Estudar
Um grande número de	Muitos

Para complementar a lista dos pecados do estilo empresarial, vamos acrescentar mais dois: as frases longas e, como já citamos, o emprego do verbo no gerúndio.

A primeira dificulta a compreensão do assunto, além de cansar o leitor. A frase ideal para a comunicação deve ser breve, incisiva, direta e elegante e, para isso, é importante, ao terminar de escrever, que haja uma boa revisão do texto, com cortes, se necessário.

Exemplo de frase longa:

A sugestão da mesa foi enviada àquela reunião, por se constituir um pedido de longa data daquela gente que esperava há tanto tempo por medidas decisivas para o início das obras.

O segundo – o emprego do verbo no gerúndio – é muito comum atualmente, no entanto, confere ao discurso pouca credibilidade. Esse vício foi agregado à linguagem por meio de traduções de manuais de atendimento por *telemarketing*. Por exemplo: *We'll be sending it tomorrow*, sentença traduzida como *Nós vamos estar mandando isso amanhã* (Neiva, 2004).

O gerúndio constitui-se em uma forma nominal do verbo, empregada para expressar uma ação em curso ou uma ação simultânea a outra ou, ainda, para expressar ideia de progressão. Ele é acompanhado do infinitivo ou do particípio. Desse modo, podemos empregar o gerúndio como continuidade do verbo.

Exemplos:

- *A redação empresarial <u>continua despertando</u> o interesse dos alunos.*
- *Paulo <u>andava buscando</u> novas alternativas de trabalho.*
- *Eu <u>estava lendo</u> um romance histórico.*

Evite, porém, construções desgastadas que contêm o gerúndio, como mostram os exemplos a seguir:

- *<u>Estou enviando</u> os documentos solicitados pelo correio.*
- *Amanhã <u>vamos estar almoçando</u>...*
- *Você pode <u>estar marcando</u> a reunião para o final do dia.*
- *Assim que eu chegar ao escritório <u>estarei passando</u> um fax...*

(.)
Ponto final

Neste capítulo, aprendemos que escrever não é privilégio de alguns, mas uma possibilidade para todos.

Em uma empresa, os documentos escritos são de grande importância. Com os cuidados que estudamos, poderemos redigir documentos mais claros e concisos. Assim, ficará muito mais fácil transmitir as informações para funcionários e clientes, assim como para o leitor do nosso texto.

Indicação cultural

CAPANEMA, P. *Redação empresarial*. Disponível em: <www.redacaoempresarial.com.br>. Acesso em: 30 nov. 2007.

Atividade

1. Reformule os seguintes trechos, tendo em vista a clareza, a harmonia e a concisão.
   a. A sugestão da mesa foi enviada àquela reunião, por se constituir numa solicitação de longa data daquela população.
   b. A diretora atrasou-se na vez passada.
   c. O contador, ao colocar o computador sobre a mesa, deixou cair.
   d. O empresário chamou a atenção da secretária e do gerente que ficou muito constrangido.
   e. A secretária digitava a carta preocupada para o diretor da empresa.

(2)

Documentos administrativos

Maria Alice Braga

A comunicação administrativa escrita interna é realizada por meio de memorandos, circulares, cartazes e avisos; já ofícios, cartas, requerimentos, declarações e publicações em jornais fazem parte da comunicação externa. Sob tal perspectiva, a rede de comunicação organizacional é um processo de intercâmbio verbal, escrito e visual, o qual permite uma comunicação efetiva e diretamente voltada ao comportamento dos indivíduos.

Assim, a partir das comunicações, temos as correspondências comercial e oficial.

(2.1)

Tipos de documentos

A correspondência comercial é aquela através da qual as empresas privadas se comunicam, tendo em vista diversas finalidades.

A correspondência oficial é realizada entre órgãos da administração direta ou indireta do serviço público, nas esferas municipal, estadual ou federal.

Este livro propõe-se a estudar os documentos mais usuais da correspondência comercial e oficial, os quais são:

- Ata
- Atestado
- Carta comercial
- Carta circular
- Declaração
- Memorando ou comunicação interna (CI)
- Memorando oficial
- Ofício
- Procuração
- Recibo
- Relatório

Ata

É um documento de valor jurídico, no qual são registrados, de modo sucinto, fatos, resoluções e decisões de uma assembleia, sessão ou reunião. Seu registro manuscrito deve ser feito em livro adequado, conforme determina a lei. Na primeira página (todas as páginas são numeradas), consta o *Termo de Abertura*, onde é indicada a finalidade do livro, autorizada pelo órgão competente; ao final, faz-se o *Termo de Encerramento*, datado e assinado por pessoa autorizada.

Para a lavratura da ata, devem-se obedecer às seguintes normas:

- deve ser lavrada de modo que inviabilize alterações;
- na ata do dia podem ser realizadas retificações da ata anterior;
- pode ser digitada ou manuscrita, sem rasuras;
- escrita sem parágrafos e sem tópicos;
- em caso de erro, emprega-se o termo corretivo *digo*;
- os números são grafados por extenso;
- é redigida por um secretário efetivo; na sua ausência, nomeia-se outro secretário (*ad hoc*) para a ocasião;
- em caso de erro notado após a redação de todo o documento, recorre-se à expressão *em tempo*, acrescida ao final do texto, emendada ao próprio texto. Exemplo: *Em tempo*: na linha onde se lê "face", leia-se "fase".

Na ata, devem constar:

- dia, mês, ano e hora da reunião por extenso;
- local;
- pessoas presentes e suas respectivas qualificações;
- ordem do dia;
- declaração do presidente e do secretário;
- fecho;
- assinaturas do presidente, do secretário e dos participantes.

A ata pode, ainda, ser digitada e impressa em folhas soltas, tamanho ofício, para publicação no Diário Oficial do Estado, devendo ser, antes, autenticada pelo órgão competente. Em caso de empresa privada, o registro e a autenticação da ata ocorrem na Associação Comercial do Estado.

Atestado

É o documento oficial em que se certifica, se afirma, se assegura e se demonstra a verdade a respeito de um determinado fato, referindo-se a situações transitórias. As repartições públicas, por sua natureza, fornecem atestados e não declarações (Busuth, 2004).

Os elementos que constituem um atestado são:

- timbre da empresa que fornece o atestado;
- título (ATESTADO) em letras maiúsculas;
- texto;
- identificação do emissor;
- identificação do interessado (nome, número de identidade, profissão);
- exposição do fato que se atesta;
- local e data;
- assinatura (nome e cargo da autoridade que emite o documento).

No atestado, deve-se evitar expressões do tipo:

- "é pessoa do meu conhecimento" (entre direto no assunto);
- "nada consta que desabone sua conduta" (só atesta quem conhece a pessoa);
- "para os devidos fins" (basta referir o fim a que se destina o documento).

Carta comercial

A carta comercial é a correspondência tradicionalmente utilizada pela indústria e pelo comércio com a finalidade de solicitar providências, encaminhar propostas, informar etc. É importante lembrar que os requisitos de clareza, objetividade e coerência são fundamentais em qualquer documento (Neiva, 2004).

Entre os documentos empresariais, a carta foi a que recebeu maior influência dos modelos norte-americanos. São partes fundamentais dela:

- timbre da empresa;
- número de controle – é o controle numérico da correspondência enviada. O destinatário fará referência a ele quando respondê-la;
- local e data – se o papel é timbrado com o endereço da empresa não é necessário mencionar o local. Contudo, se a empresa possui várias filiais, é importante acrescentar o endereço para o destinatário identificar a origem da correspondência. É essencial escrever a data completa. No ano, não há ponto nem espaço depois do milhar. Exemplo: 2007 e NÃO 2.007 ou 2 007; após a data, insere-se ponto final: Porto Alegre, 22 de abril de 2007;
- destinatário – na carta que utilizamos atualmente, não se coloca o endereço do destinatário;
- vocativo – constitui-se na introdução escrita. Depois do vocativo, pode-se colocar o sinal de dois pontos ou vírgula. Os dois pontos são aceitáveis porque a carta pode ser considerada uma enumeração de fatos, e a vírgula se justifica porque separa um vocativo. Adotaremos a vírgula nos nossos modelos de carta;
- assunto/referência – o assunto é a síntese do conteúdo

da carta ou de qualquer outro documento e facilita o registro para quem recebe. A descrição do assunto pode ser grafada em letras maiúsculas ou em negrito. A referência registra o número do documento. Exemplo: Assunto: Curso de Redação Empresarial. Referência: Proposta 83/egn de 28.04.07;
- corpo da carta – é disposto no centro da página e desenvolvido em cerca de três parágrafos, como vemos a seguir: apresentação do tema, desenvolvimento do tema e conclusão. Modernamente, há um espaçamento maior entre os parágrafos, em torno de 6 a 12 pontos – formatação do *Word*;
- despedida, ou fecho – é realizada com um dos seguintes advérbios: *atenciosamente*; *cordialmente* ou *atentamente*, seguido de vírgula;
- assinatura;
- nome e cargo/função – não se coloca linha de anteposição para assinatura; por exemplo: Maria Lúcia Morales Cortez, Gerente de Recursos Humanos. Após o nome há vírgula e após o cargo ou função, ponto.

Carta-circular

A carta-circular possui a mesma diagramação visual da carta de rotina, o que as diferencia são os destinatários. O conteúdo, de interesse geral, é direcionado a várias pessoas simultaneamente. A carta-circular serve para comunicar:

- abertura de agências bancárias;
- abertura de filiais;
- aumento de preços;
- mudança de endereço e/ou telefone;
- lançamento de novos produtos e novas coleções;
- promoções sazonais.

É importante que a carta-circular seja escrita de modo que o destinatário tome-a como exclusiva a si (Neiva, 2004).

Declaração

É um documento que se assemelha ao atestado e que não pode ser expedido por órgãos públicos. Nele se manifestam opinião, conceito, resolução ou observação.

Os principais tópicos que devem constar da declaração são:

- título (DECLARAÇÃO) em letra maiúscula;
- dados do declarante (nome, RG, CPF, residência, naturalidade);
- ato da declaração em si (fato a ser declarado);
- data, local, dia, mês e ano;
- assinatura (nome do declarante).

Memorando

Memorando, ou comunicação interna (CI), é a correspondência informal e interna de uma organização. Possui a função de lembrete e registro do que foi combinado ou solicitado a alguém ou área. Tal tipo de documento pode ser utilizado entre setores de uma empresa ou servir de comunicação entre matriz e filiais.

O memorando geralmente convoca, pergunta, responde, providencia, ordena, informa, encaminha ou estabelece normas, entretando, ele vem sendo substituído pelas mensagens via correio eletrônico: os *e-mails*. Ao redigir esse tipo de correspondência, deve-se empregar a linguagem própria da organização, de modo claro, direto, conciso e elegante.

Existem três questões que auxiliam na elaboração de um memorando:

- o que é preciso dizer?
- a quem?
- com qual objetivo?

As partes que constituem o memorando são:

- timbre;
- código (iniciais do departamento);
- número do memorando, seguido geralmente do ano;
- localidade;
- ementa (referência) ou assunto;
- nome do receptor;
- texto;
- cópias para outros interessados;
- assinatura;
- anexos.

Observação: A data pode ser abreviada ou por extenso, depende da rigidez da empresa.

Memorando oficial

O memorando de correspondência oficial é muito diferente do memorando ou comunicação interna (CI) empregado nas empresas privadas.

A correspondência oficial constitui-se no correio interno entre diretores, chefes de seção e autoridades de um mesmo órgão ou entre órgãos, para tratar de assuntos de ordem administrativa, como solicitações, comunicações e determinações.

As mensagens devem ser rápidas e simples, visto que esse tipo de documento é informal.

As partes que constituem o memorando oficial são:

- timbre;
- índice e número – iniciais do setor ou departamento que expede o documento;

- local e data – localizado à direita, no mesmo alinhamento do índice;
- destinatário – logo abaixo do índice e do número; é mencionado pelo cargo que ocupa;
- assunto – súmula do conteúdo, digitado em espaço simples;
- texto – exposição do assunto; em textos longos, costuma-se numerar os parágrafos, à exceção do primeiro e do fecho; digitado em espaço duplo;
- fecho;
- assinatura – nome do emitente, cargo, função ou atribuição; quatro espaços duplos após o fecho.

Observe que as fórmulas para o fecho devem ser breves: *atenciosamente* (de superior para subordinado ou entre iguais); *respeitosamente* (de subordinado para superior).

Ofício

É um tipo de correspondência utilizada entre autoridades públicas para tratar de assuntos entre subalternos e superiores nos órgãos da administração pública. Os destinatários também podem ser particulares, os quais desejam tratar de assuntos de cunho oficial.

Utiliza-se a impessoalidade nesse tipo de documento, com linguagem de nível culto (Neiva, 2004).

O ofício pode, dependendo de suas características, ser classificado em:

- EXTERNO: quando destinado a outras repartições ou a particulares.
- INTERNO: quando dirigido a dependências da mesma repartição (assuntos administrativos ou técnicos).
- COMUM: para assuntos de conhecimento geral.

- SIGILOSO: quando o assunto não deve ser divulgado.
- RESERVADO: sigilo limitado.
- CONFIDENCIAL: informação exclusivamente oficial.
- SECRETO: sigilo absoluto.

A estrutura do ofício constitui-se das seguintes partes:

- TIMBRE OU CABEÇALHO: símbolo e nome do órgão, da unidade.
- NÚMERO DE ORDEM: numeração que o ofício recebe a cada ano, em ordem cronológica, seguida da sigla do órgão emitente à esquerda. Ex.: Ofício nº 348/SS-RS.
- LOCAL E DATA: dia, mês e ano à direita, a 6,5 cm ou 7 espaços duplos da borda superior.
- VOCATIVO: deve ser empregado o tratamento adequado ao destinatário, a 10 cm ou 10 espaços duplos da borda superior, na linha do parágrafo, a 10 espaços ou 2,5 cm da margem; observe que:

    para os chefes de Poder, emprega-se Excelentíssimo Senhor, seguido do respectivo cargo. Exemplos: *Excelentíssimo Senhor Presidente da República, Excelentíssimo Senhor Presidente do Congresso Nacional;*

    para as demais autoridades, utilizamos: *Senhor Juiz, Senhor Ministro, Senhor Governador, Senhor Prefeito.*

- TEXTO: para texto longo, os parágrafos serão numerados a partir do segundo, não sendo numerado o fecho. Se houver mudança de folha, o endereçamento é colocado na primeira folha, sendo que a segunda inicia com a repetição do número de ordem, acrescentando-se, à direita, o número da folha.
- FECHO: alinhado à direita e seguido de vírgula, a 1 cm ou espaço duplo do final do texto.

Procuração

Procuração, na linguagem jurídica, significa *instrumento de mandato*, que é um documento pelo qual alguém (mandante, constituinte ou outorgante) confere a outrem (mandatário, procurador ou outorgado) poderes para a prática de ações em seu nome e por sua conta (Neiva, 2004).

A procuração pode ser particular ou pública, as quais estão descritas a seguir:

- PARTICULAR: se passada de próprio punho pelo indivíduo que outorga com um determinado fim. É importante destacar a necessidade de reconhecimento de firma daquele que concede a procuração; muitas vezes é necessário testemunhas.
- PÚBLICA: se lavrada em cartório.

As partes constitutivas da procuração são:

- timbre (se for pública);
- título (cabeçalho);
- identificação do outorgante (nome, nacionalidade, estado civil, profissão, residência, cidade, estado, RG, CPF ou outro tipo de documentação);
- identificação do outorgado (nome, nacionalidade, estado civil, profissão, residência, cidade, estado, RG, CPF ou outro tipo de documentação);
- texto (no qual é definida a função a ser desempenhada pelo procurador);
- fecho;
- local e data (local, dia, mês e ano);
- assinatura com firma reconhecida.

Recibo

É um documento que serve para comprovação de execução e/ou venda de algum serviço ou comercialização de um produto, caráter contábil e fiscal para confirmação de gastos de um cliente, profissional ou estabelecimento comercial (Neiva, 2004).

O recibo, geralmente, é assim estruturado:

- título (RECIBO) em letras maiúsculas, centralizado na folha;
- número (em caso de empresa);
- valor (à direita na folha);
- texto (declaração do que se recebeu, identificação de quem pagou, nome, endereço, CPF ou CNPJ, valor por extenso, motivo do recebimento);
- local e data;
- assinatura (abaixo do nome pode constar endereço, CPF ou CNPJ);
- testemunha (se necessário, com identificação).

(.)
Ponto final

Neste capítulo, estudamos a comunicação administrativa escrita, modalidade que integra a vida de quem trabalha dentro de uma empresa.

Indicações culturais

PORTAL dos contratos. Disponível em: <http://www.portaldoscontratos.com.br/trabalhista.shtml>. Acesso em: 30 nov. 2007.

PORTAL Exame. Disponível em: <www.portalexame.abril.com.br>. Acesso em: 30 nov. 2007.

Atividade

1. Elabore uma carta comercial tradicional sobre o não recebimento de mercadoria solicitada.

(3)

Modelos de documentos

Maria Alice Braga

O objetivo da apresentação dos modelos a seguir é simplesmente servir de exemplo para que o leitor possa criar seus próprios modelos de acordo com a filosofia e os objetivos de sua organização. Não esqueça, porém, que cada documento possui suas particularidades.

Modelo de ata

ATA da 52ª Sessão Ordinária de 2005

Aos quatorze dias do mês de maio do ano de dois mil e cinco, às treze horas e trinta minutos, no Conselho de Furnas da União, quinto andar, sala duzentos e trinta e três, do Edifício do Ministério da Fazenda, na cidade de ...., reuniu-se o Conselho, em Sessão Ordinária, presidido pelo Senhor Conselheiro-Presidente, Dr. ...., presentes os senhores Conselheiros, Doutores: ....; presente, também o sr. Procurador-Representante da Fazenda Nacional, Dr. .... Iniciados os trabalhos, o Sr. Procurador-Representante da Fazenda remeteu ao Relator-Conselheiro, Dr. .... o processo nº 923.123-04, do interesse de .... e outros, do qual tivera vista. A seguir, o Senhor Conselheiro, Dr. ...., deu início à discussão do processo nº 23.456-04 do interesse de .... e outros, ocasião em que o Sr. Conselheiro-Relator lembrou a implantação do projeto e suas consequências na área do Poder Judiciário. O Senhor Presidente encerrou a reunião com a leitura da pauta para a próxima reunião, da qual, para constar, eu, ..., lavrei esta Ata. Sala das Sessões, em 14 de maio de 2005.

Modelo de atestado

TIMBRE

ATESTADO

Eu, Maria Clara Nascimento, brasileira, casada, residente na rua da Conceição, n° 203, nesta capital, atesto que o senhor João Ribamar Vieira dos Santos, RG 0145985-RS, cursou, neste estabelecimento de ensino, todo o curso de ensino médio no turno da noite.

Curitiba, 13 de agosto de 2004.

Prof^a Dr^a. Maria Clara Nascimento
Diretora Geral

Modelo de carta comercial

TIMBRE

IOB – 260/04
Porto Alegre, 22 de abril de 2007.

FTEC Consultoria e Treinamento Ltda.
At.: Profª Paula Moreira Salles

Prezados Senhores,

Curso de Redação Empresarial
Referência: Sua Proposta 83/egn de 28.04.07

Foi analisada sua proposta orçamentária e decidida sua contratação para o treinamento de nossos funcionários, em agosto. Queira, por gentileza, entrar em contato com nossa Gerente de Cursos para agendar datas e horários.

Atenciosamente,
Maria Lúcia Morales Cortez,
Gerente de Recursos Humanos.

Endereçamento

Vamos frisar alguns pontos da carta comercial:

- Data – no corpo da carta é escrita de modo reduzido. Exemplo: *Respondendo a sua carta do dia 11.06.05* ou *11/06/05*.
- Mês – sempre grafado com letra minúscula. Exemplo: *São Paulo, 10 de agosto de 2006*.
- Destinatário – basta escrever o nome do destinatário, pessoa ou empresa a quem a carta se destina, somente com a inicial maiúscula. Observe o quadro:

Quadro 3 – Módulo de destinatário

Antes	Agora
A COMIL Ônibus e Carrocerias Endereço: (...) At.: Dr. João Sabatto São Paulo/SP	COMIL Ônibus e Carrocerias At.: Dr. João Sabatto COMIL Ônibus e Carrocerias

- At. ou Att. – empregar a abreviatura At., seguida de dois pontos (At.:) quando a correspondência for dirigida a uma pessoa representante da organização. A abreviatura advém do termo inglês *attention*, que é abreviado *attn*. – o que significa um equívoco. Também se pode empregar a palavra *atenção* por extenso. Exemplo: *À atenção do Dr. João Sabatto*.
- At. ou A/C – esta abreviatura reserva-se apenas para o envelope. A/C significa *aos cuidados*.

Modelo de carta-circular

TIMBRE

IOB-266/03
São Paulo, 24 de setembro de 2006.

Sra. Maria Augusta Meirelles

Prezados senhores,

Lançamento de nova coleção

No dia 5.10.06, às 21horas, haverá um desfile de lançamento da coleção primavera-verão nas instalações da nossa loja, situada na rua Pamplona, n°. 348, Jardim Paulista.

Contamos com sua presença.

Cordialmente,

Carmela Antunes Salaviera
Gerente de Vendas

Modelo de declaração

DECLARAÇÃO

Declaro que o senhor JOSÉ HUGO SILVEIRA PAES, RG 6000634759, CPF 802.000.000 -15, residente na rua das Flores, nº 117, bairro Jardim, São Paulo, pertence ao quadro de funcionários da minha empresa desde 24 de novembro de 2005, percebendo mensalmente cinco salários mínimos.

São Paulo, 11 de outubro de 2006.

Ana Carolina Medeiros Santiago
Diretora-Presidente

Modelo de memorando

Timbre	N° 532/03
De: *Gerência de Recursos Humanos* *Reinaldo Pinto Soares*	
Para: *Adriana Lemes* *Gerência Comercial*	16/09/06

Assunto: *Escala de férias*

A fim de organizar a escala de férias do quadro de funcionários da empresa, solicito-lhe a relação de férias do setor comercial o mais breve possível.

Grato,
Reinaldo Soares

Modelo de memorando oficial

TIMBRE

MEMORANDO n° 25/DJ   Em 12 de abril de 2006.

Ao Sr. Gerente do Departamento de Recursos Humanos
Assunto: Desligamento de funcionário

Em cumprimento à determinação da Presidência, comunicamos que foi desligado hoje, deste Departamento, o técnico em computação Mário Augusto Barbosa, posto à disposição do DRH. Devemos mencionar, ainda, que a vaga do funcionário será preenchida somente após rigorosa seleção para o cargo.

Atenciosamente,

                         Roberto Oliveira
                             Diretor

Modelo de ofício

TIMBRE

Nº 348/SS-RS

Porto Alegre, 29 de setembro de 2004.

Senhor Secretário,

Temos a satisfação de comunicar V. Exª que este centro comunitário realizará, no período de 20 de outubro a 15 de novembro do corrente ano, a Campanha de Educação no Trânsito.
Solicitamos, pois, a V. Exª a gentileza de indicar dois técnicos dessa Secretaria para participarem do evento, o qual contará, inclusive, com a colaboração de agentes de órgãos não governamentais, que atuam em toda a América.

Respeitosamente,

Manuel Javier Lock
Diretor-Geral

Excelentíssimo Senhor
Eugênio Becker Terra
Secretário dos Transportes do Estado do Rio Grande do Sul
N/Capital

Modelo de procuração

PROCURAÇÃO

Eu, Eneida Pereira de Araújo Viana, brasileira, advogada, inscrita na OAB/SC .... e no CPF ...., com residente na Rua Senador Feijó, 48, bairro Boa Vista, Florianópolis, Estado de Santa Catarina, CEP ...., nomeio o senhor Rafael Moreira Leite, brasileiro, economista, portador do RG .... e do CPF ...., residente na rua Senhor dos Passos, 138, ap. 201, bairro Jardim Europa, Florianópolis, Estado de Santa Catarina, CEP .... para proceder à matrícula no semestre ...., do Curso de Doutorado em Direito Tributário Internacional, na Faculdade de Direito, da Pontifícia Universidade Católica do Rio Grande do Sul (PUCRS), realizando todos os atos necessários para esse fim.

Florianópolis, 12 de dezembro de 2004.

(Assinatura)

Modelo de recibo

RECIBO
Nº 13.254..Valor R$ 14.500,00

Recebi(emos) de Maria Antonieta Canabarro, rua São Carlos, 291, casa 12, Canoas, Rio Grande do Sul, portadora do CPF 612456258-23 a importância de R$ 14.500,00 (quatorze mil e quinhentos reais) referente a serviço de marcenaria, realizado em sua empresa, no período de 10 de setembro a 15 de outubro deste ano.

Porto Alegre, 16 de outubro de 2004.

André Fernando Giulianni
RG 010 258 344 24
CPF 802 120 156 60

---

(4)

Relatório

Maria Alice Braga

Reservamos um capítulo específico para o relatório, por ser um tipo de documento que suscita muitas dúvidas entre profissionais e universitários, posto que é uma tarefa de difícil elaboração.

Para que possamos compreender o significado desse documento que está presente na vida daqueles que trabalham e/ou estudam, vamos iniciar pelo seu conceito.

> RELATÓRIO 1. *Conclusões às quais chegaram os membros de uma comissão (ou uma pessoa) encarregada de efetuar uma*

pesquisa ou de estudar um problema particular ou projeto qualquer 2. Exposição pela qual uma pessoa apresenta o essencial de sua própria atividade ou de um grupo ao qual pertence 3. INF. documento de saída, preparado por um sistema de processamento de dados 4. JUR. parte da decisão judicial em se expõem os fatos e questões debatidos no processo. ETIM. RELATO+ÓRIO; *sinonímia de exposição.* (Houaiss; Villar, 2009)

Pela definição, podemos perceber que a abordagem e a estrutura do relato dependem do seu objetivo (Neiva, 2004).

Assim, podemos ter documentos:

- Que descrevem algo, narram fatos ou acontecimentos a favor de decisão ou medida administrativa. Para tanto, apresentam parecer ou opinião. São os relatórios de auditoria.
- Que descrevem e/ou narram fatos ou situações passíveis de análise para mudança no planejamento da organização ou da instituição.
- Que atendem a uma solicitação da organização ou instituição; são os relatos de viagem, estágio etc.

Sob essa perspectiva, a elaboração de um relatório serve para registrar fatos, controlar ações, estabelecer elos entre os indivíduos que trabalham de modo independente.

O relatório esclarece, informa, confirma, nega, comunica decisões importantes sobre políticas, mudanças, tomadas de decisões, formação de conceito sobre empresa e seus produtos e serviços – todas são atividades baseadas nos relatórios.

(4.1)
Como redigir um relatório

Para que um relatório cumpra com sua finalidade e produza efeitos desejados, é importante que o relator estabeleça, em primeiro lugar, os objetivos gerais e específicos do documento. As perguntas que seguem servem de orientação para o redator deste texto.

a. O que é um relatório?
b. Por que fazer um relatório?
c. Qual é o objetivo geral do relatório?
d. Quais são os objetivos específicos?
e. O que se pretende com o relatório?
f. Qual o nível das informações?
g. Como redigir? (apenas narrar ou descrever ou opinar, criticar, sugerir?)
h. A quem se destina o documento?
i. Quem vai ler?
j. De onde partir? (de uma premissa?)
k. Quais são as informações mais relevantes?

(4.2)
Tipos de relatório

O relatório pode ser interno ou externo, visto como (Neiva, 2004):

- ROTINEIRO: para atender às exigências do serviço; pode ter formulário impresso próprio com espaços para

preenchimento. Exemplo: relatório de viagem, relatório de produção.
- Não rotineiro: no geral, é informativo e possui o fim de provocar reações que determinem ações específicas. Exemplo: relatos de trabalhos em andamento.
- Formal: relata, formalmente, resultados obtidos em investigações de pesquisa e desenvolvimento. Via de regra possui formato preestabelecido. Exemplo: dissertação de mestrado.
- Informal: é muito empregado nas empresas, e o relator anota tudo em tópicos.

(4.3) Organização do relatório

Existem relatórios que exigem meses de trabalho e outros são concluídos em horas. Qualquer que seja o caso, o processo de elaboração requer observância de algumas etapas, descritas a seguir:

- Definição dos objetivos: ver item 4.1.
- Plano de texto e roteiro do trabalho: é importante considerar se o trabalho está adequado aos objetivos, estabelecer sequência do assunto, se preciso, incluir tópicos, é claro que os analisando detalhadamente. O plano pode ser diminuído, acrescido ou também alterado, de acordo com as informações mais recentes. Essa parte funciona como o roteiro do trabalho.
- Pesquisa: conforme o tipo de trabalho, a pesquisa é a base para um relatório eficiente. As informações podem ser coletadas por meio da leitura de livros,

artigos, outros relatórios e circulares, entrevistas, contatos virtuais, noticiários, pesquisas na internet, acervos, museus etc.

Para que as informações não se acumulem e se percam, convém separá-las e classificá-las dentro de parâmetros preestabelecidos, anotando a fonte de cada uma.

- ORGANIZAÇÃO DAS INFORMAÇÕES: nessa etapa, aproveita-se o plano de texto e o roteiro de trabalho. Considerando o conhecimento do assunto obtido pela pesquisa, é o momento de rever o plano de texto e fazer os acréscimos, as supressões e/ou as substituições necessárias.
- SELEÇÃO DAS INFORMAÇÕES: após a organização das informações, é recomendável retornar às fontes para verificar a veracidade e relevância dos fatos para completar o que for necessário.
- Redação: todo relatório deve ter uma linguagem clara, objetiva, concisa, coesa, coerente e elegante.
- Revisão: essa é a etapa final, momento de burilar o texto.

(4.4)
Composição do relatório

Uma vez coletados todos os elementos (dados a serem referidos), tendo-se em mente as respostas às propostas sobre os objetivos do relatório, o autor lançará mão de outra fórmula a fim de racionalizar seu trabalho, montando o esquema do que irá redigir. Isso envolverá desde o título até o fecho, obedecendo a uma ordem lógica, o que facilitará muito o desenvolvimento do trabalho.

Desse modo, o relatório será dividido em partes distintas, nas quais estarão todos os dados necessários à análise de quem o ler.

A estrutura básica de um relatório constitui-se das seguintes partes:

- Capa: deve conter o nome da organização, o título do trabalho, o setor que o elaborou, a data e o nome do autor.
- Folha de rosto: repete o que contém a capa.
- Sumário: apresenta três colunas; a da esquerda possui as divisões e as subdivisões do relatório; a da direita refere-se aos números das páginas, e a coluna central mostra os itens do trabalho.
- Introdução: assemelha-se a um prefácio, espaço no qual se justifica o trabalho e ocorrem os rumos dele. Considerando-se o leitor, o redator-relator escreve de forma concisa a finalidade do relatório.
- Desenvolvimento: após a definição do tipo de relatório, o redator-relator classifica e seleciona as informações. Ele descreve, narra ou disserta, levando em consideração os seguintes aspectos:
    - apresentação e demonstração dos fatos;
    - apreciação e/ou explicação;
    - justificativa;
    - análise de problemas;
    - enumeração de dados;
    - informações gerais.
- Conclusão: ao final, o autor sugere formas de resolução para os problemas e, se possível, apresenta alternativas, resultados e constatações. No caso de relatórios analíticos, o autor pode fazer recomendações, desde que estas sejam oportunas.
- Anexos: são documentos que enriquecem o trabalho,

tais como: organogramas, mapas, gráficos, fotografias, tabelas etc.

Modelo de relatório

Relatório de estágio
Parte I – Identificação

- Nome: Catarina de Angelis
- Local de estágio: Escola de Educação Infantil Nossos Amigos
- Período do estágio: 18/07/2006 a 18/12/2006

Parte II – Atividades gerais realizadas

- Descrição das atividades
  As atividades desenvolvidas na escola foram previamente organizadas juntamente com a direção da escola, assim como o serviço de psicologia e supervisão na universidade. As mesmas foram distribuídas em dias da semana. (aqui não vamos descrever cada dia para que o texto não se torne extenso)

- Análise e conclusão das realizações e das dificuldades
  De maneira geral, não houve dificuldades. O espaço oferecido para a realização do estágio foi adequado, obedecendo à rotina de atividades já existentes na escola, principalmente pelo setor de psicologia. A psicóloga foi extremamente receptiva e favoreceu em grande parte o trabalho realizado. A direção também auxiliou nesse sentido, integrando as atividades do estágio e a estagiária à rotina da instituição de ensino. Em todo momento houve reconhecimento e valorização do trabalho.

- Sugestões para novos estagiários
  A sugestão para novos estagiários é de continuidade nos grupos com as crianças e acompanhamento das turmas e

professoras. O apoio dado à direção e, principalmente, à psicóloga da escola foram muito gratificantes, provavelmente para ambos os lados. Outra sugestão refere-se a um trabalho mais direto e individual para as crianças com necessidades especiais, acompanhando as atividades já realizadas pelos outros profissionais na escola.

Catarina de Angelis	Regina Sordi
Pós-graduanda	Supervisora

(.)
Ponto final

Neste capítulo, estudamos o relatório, focalizando maneiras eficazes de escrevê-lo. Como complemento de estudo, recomendamos a leitura de jornais, revistas e livros, os quais são importantes para o desenvolvimento da criatividade na escrita, assim como a ampliação do vocabulário. Como nem só de documentos dessa natureza as pessoas necessitam, até para haver maior interesse e dedicação à atividade dentro da empresa, o indivíduo precisa de momentos de lazer e descontração.

Indicação cultural

ONZE homens e um segredo. Direção: Steven Soderbergh. Produção: Jerry Weintraub Productions. Estados Unidos: Warner Brothers, 2001. 116 min.

O filme sugerido apresenta temas como estratégia, planejamento, liderança, recursos humanos (seleção e treinamento), motivação e comunicação, proporcionando ao expectador uma larga visão administrativa.

Atividade

1. Redija um relatório sobre uma visita a uma fábrica de balas.

(5)

Correspondência eletrônica

Maria Alice Braga

A̲ velocidade vertiginosa na trajetória da tecnologia e a emergência de novos gêneros textuais constituem parte da realidade com a qual nos deparamos. Criada em um espaço de pouco mais de um quarto de século, na área da comunicação eletrônica, expandindo-se para a universalização. Mais do que uma revolução no âmbito da comunicação, temos atualmente uma revolução generalizada, com inserções no campo da ética, do direito, da economia e nas formas de relação interpessoal, alterando o *modus vivendi* do homem do século XXI, que está extremanmente preocupado com a comunicação rápida e eficiente para atingir o maior número possível de relações nessa rede mundial.

A fascinante busca pela excelência no que tange ao modo de escrita e à comunicação, originou outros tipos de correspondência, em especial, o *e-mail*. Esse fugaz e despojado jeito de escrever virtualmente não chegou para tirar o lugar de documentos tradicionais, como a carta em papel, mas talvez seja apenas um desmembramento da antiga e sempre presente carta.

Os novos gêneros textuais surgem e se desenvolvem historicamente como novas alternativas, como novos formatos e estratégias dentro de um universo em constante mutação, em especial na área da comunicação.

Neste capítulo, vamos estudar um pouco a estrutura do texto do *e-mail* para incluí-lo em nosso rol de documentos comunicacionais da empresa, visto que essa forma textual integra o universo moderno e dinâmico das comunicações *on-line*. Assim, veremos as diversas finalidades e características desse modelo de texto virtual.

(5.1)

E-mail na empresa

A comunicação escrita via correio eletrônico tem como característica principal a rapidez. O redator diante da tela do computador digita o assunto simultaneamente à criação mental. Para tanto é necessário: agilidade, poder de síntese e excelente capacidade para ler e reler o texto, o qual além de claro e direto deve ser em especial, correto no estilo e na gramática.

Do mesmo modo, a urgência é outro fator determinante no emprego do *e-mail*, pois a troca é efetuada em tempo real.

Para a sua utilização em favor da empresa, é necessário o profundo conhecimento das ferramentas que envolvem tal tecnologia para que seu uso seja eficiente e garanta o bom aproveitamento da máquina e dos recursos que ela proporciona.

(5.2)
E-mail como ferramenta

Hoje o *e-mail* é sinônimo de economia de tempo e de gastos tanto dentro da empresa como fora dela, pois o ágil envio de documentos via internet ou intranet facilita a comunicação e agiliza certas medidas. É possível enviar desde bilhetes, avisos, comunicações internas, cartas particulares e comerciais, estatísticas, propostas, propagandas, artigos e até relatórios.

O *e-mail* tornou-se uma ferramenta indispensável tanto no meio empresarial como no âmbito doméstico, sendo difícil encontrar um usuário de computador que não tenha um endereço eletrônico.

O computador permite que mensagens sejam enviadas a outros computadores conectados à rede por meio de um servidor de correio, situado no provedor de acesso, o qual exerce a função idêntica à dos correios tradicionais, isto é, separa e distribui a correspondência. Provedor de acesso constitui-se na empresa autorizada a prestar serviço de atendimento e suporte a usuários da internet. São exemplos de provedores: Terra, UOL, IG etc.

Intranet é uma rede privada de comunicação que aplica a tecnologia disponível dentro da empresa. Sua função é conectar entre si departamentos, filiais, sucursais dentro e fora do país de origem. O controle de acesso, triagem e filtro de informações centralizam-se em um departamento interno da organização, por exemplo, o CPD, Centro de Processamento de Dados.

Quando bem utilizado, o *e-mail*, via intranet, reduz o desperdício de tempo e simplifica o trabalho entre equipes para facilitar e melhorar a comunicação entre elas. A internet, por sua vez, uma rede de comunicação mundial, acessível a todo tipo de público, é o portal de acesso aos negócios, às pesquisas e aos cursos a distância.

(5.3)
Elegância na internet

No papel ou no universo virtual, isto é, no *e-mail*, nos expressamos e somos avaliados pela escrita. Devemos manter a mesma elegância na comunicação virtual. Existem algumas regras que conduzem o comportamento para as conversas e textos *on-line*, como veremos a seguir:

- Não escrever tudo em letra maiúscula, evitando, assim, passar para o leitor a impressão de que o "som" encontra-se acima do ideal.
- Não enviar fotos ou qualquer imagem sem informação ou solicitação prévia. Além de deselegante, o arquivo pode causar vários transtornos, como a perda de tempo ao baixá-lo.
- É recomendável digitar uma introdução para qualquer mensagem repassada.

- Deixar de responder às mensagens dos *e-mails* recebidos soa desinteresse ou descortesia.
- Informar a origem de avisos sobre possíveis vírus.
- Não enviar piadas e correntes; é invasivo e constrangedor.
- Não elaborar textos longos e sem correção. Além da perda de tempo, foge ao estilo da linguagem empresarial, a qual prima pela objetividade e clareza.
- Enviar mensagens personalizadas; demonstra atenção e interesse.

Os textos administrativos, bem como toda comunicação, devem ser pautados pela ética, pois a própria existência fundamenta-se em conceitos éticos. Vejamos uma definição pontual sobre essa expressão:

> ÉTICA 1. *Parte da filosofia responsável pela investigação dos princípios que motivam, distorcem, disciplinam ou orientam o comportamento humano, refletindo esp. a respeito da essência das normas, valores, prescrições e exortações presentes em qualquer realidade social* 2. *Conjunto de regras e preceitos de ordem valorativa e moral de um indivíduo, de um grupo social ou de uma sociedade. ETIM. Subst. latim* ethica, *moral natural, parte da filosofia que estuda a moral.* (Houaiss; Villar, 2009)

A definição retirada do Dicionário de língua portuguesa, de Antônio Houaiss, leva-nos a entender a ética como uma reflexão sobre os costumes e as ações dos homens. Assim, podemos perguntar: o que significa ética no correio eletrônico?

A ética, tanto na escrita virtual como na escrita real, compreende o compromisso que temos com a comunicação a ser realizada, pois a mensagem revela a imagem daquele que escreve – principalmente profissional que escreve e afirma em nome da organização que representa. Por isso, qualquer texto deve ser pensado antes de ser escrito, e a ética revela-se quando há veracidade nas afirmações, respeito ao destinatário, honestidade no conteúdo elaborado, lealdade com a empresa, harmonia entre os interesses profissionais e a sociedade.

(.)
Ponto final

Neste capítulo, estudamos o modo pelo qual o *e-mail* pode tornar-se uma ferramenta eficaz e econômica em uma empresa. Vimos também maneiras de escrever um *e-mail* sem perder a elegância e a ética exigidas dentro do ambiente empresarial.

Indicações culturais

Periódico

SUPERINTERESSANTE. São Paulo: Abril, 1987.

Para complementar os estudos, recomendamos a leitura da *Revista Superinteressante,* um periódico que contém assuntos atuais de interesse geral, onde é visível a adequação de linguagem nos textos.

Filme

SOCIEDADE dos poetas mortos. Direção: Peter Weir. Produção: Steven Haft, Paul Junger Witt e Tony Thomas. Estados Unidos: Touchstone Pictures, 1989. 129 min.

O filme *Sociedade dos Poetas Mortos* é uma indicação interessante porque a obra emociona não só pela linda história, mas também por todos os recursos empregados, como fotografia, música e o próprio roteiro. A obra fílmica mostra a importância do pensar acima de tudo.

Atividade

1. Escreva um *e-mail* para uma secretária da faculdade de Secretariado Executivo de uma universidade, solicitando informações sobre o curso.

(6)

Questões de língua portuguesa

Maria Alice Braga

Neste capítulo, trataremos de assuntos relacionados à grafia correta, pois existe um conjunto de regras que devem ser seguidas para o bem escrever. Abordaremos aspectos como abreviaturas, acentuação gráfica, emprego do acento indicativo de crase, uso dos porquês, uso dos pronomes oblíquos, palavras homófonas (com o mesmo som e grafia diferente) e homógrafas (com a mesma grafia e significado diferente), além de dicas para possíveis dúvidas.

O leitor poderá consultar esta seção para tirar suas dúvidas.

(6.1)

Abreviaturas

Aqui iremos tratar das abreviaturas mais empregadas nas empresas dispondo das exemplificações explicitadas a seguir.

(A)

(a) = assinado

(aa) = assinados

A .D. = aguarda deferimento

A/C = ao(s) cuidado(s)

Adm. = administração, administrador

Adv. = advocacia

Anal. = análise

Ap. = aprovado

Art. = artigo

Ass. = assinado/assunto

Assemb. = assembleia

Assist. = assistência

Assoc. = associação

Aux. = auxiliar

(B)

Bal. = balanços

Banc. = bancário

(C)

c/ = com; conta

c/a = conta aberta

c/c = conta corrente

Calc. = cálculo

Calend. = calendário

Cat. = catálogo

Cia ou Cia. = companhia

Circ. = circular

Classif. = classificação

Cód. = código

Combust. = combustível

Compar. = comparativo

Compens. = compensação

Comput. = computação

Constr. = construção

Consult. = consultoria

Contab. = contabilidade

Contr. = contribuição

Conv. = convênio, convenção

Coop. = cooperação

Coop. = cooperativa
Coord. = coordenação
Corp. = corporação
Corresp. = correspondência
Créd. = crédito
cx. ou Cx. = caixa (s)

(D)

D.O. = Diário Oficial
d/ = dia (comercialmente)
d/d = dias de data
Dem. = demonstrativo
Dep. = departamento
Deprec. = depreciativo
Desc. = desconto
Descr. = descrição
Desenv. = desenvolvimento
Desp. = despesa; desporto
Dif. = diferente
Dir. = direção / Dir. = direito
Diret. = diretoria
Dirig. ou dirig. = dirigente
Dist. = distrito
Div. = divisão
Divulg. = divulgação
Doc. = Documentação
Doc. ou docs. = documento(s)

(E)

E.D. = espera deferimento
E.M. = em mão(s)
E.R. = espera resposta
Econ. = econômico

Emb. = embalagem
Emol. = emolumentos
Emp. = Empresa
End. Tel. = endereço Telegráfico
Eng. = engenharia, engenheiro
Equiv. = equivalente
Esp. = especial
Espec. = especificação
Est. = Estado, estudo
Est. = estadual
Estat. = estatístico
Estat. = Estatística
Estrang. = estrangeiro
Ext. ou ext. = Exterior

(F)

Fáb. = fábrica
Faz. = fazenda
Fed. = federação
Fed. = federal
Fem. = feminino
Fin. = finanças (ABNT; finan.)
Folh. = folheto
For. = forense
Form. = formulário
Fot. = fotografia
Fot. = fotógrafo, fotográfico
Func. = funcionário
Fund. = fundação
Fundam. = fundamento

(G)

Gav. = gaveta
Geogr. = geográfico
Gov. = governamental
Gov. = governo
gr. = grão(peso); grátis; grego
Gráf. = gráfico

(H)

Hab. = habitante(s)
Hered. = hereditário
Hig. = higiene
Hon. = honorário
Hosp. = hospital

(I)

Ident. = identidade/identificação
Import. = Importação
Inc. = Incorporação
Indústr. = indústria
Industr. = Industrial
Inf. = informação; informe
Inform. = informática
Invent. = Inventário
IR = Imposto de Renda

(J)

J. = Jornal
Jorn. = jornalismo
Jr. = júnior
Judic. ou judic. = judiciário

jur. = jurídico
Jurispr. = Jurisprudência
just. = justiça

(L)

Lab. = Laboratório
Leg. = legalidade; legalização
Legisl. = legislação
legisl. = legislativo (a)
Leit. = leitura
Lib. = liberdade
Líq. = líquido
Ltda. = limitada
Lubr. ou lubr. = lubrificante

(M)

m/c = minha carta ou minha conta
m/d = meses de data
m/p = meses de prazo
Man. = manual

(N)

n/ = nossa(s); nosso
N/C = nesta capital
n/c = nossa carta; nossa casa
nac. = nacional
neg. = negativo
Neg. = negócios
Not. = notícia
Notic. = noticiário

(O)

om.q. = o mesmo que
obj. = objeto
Obs.obs. = observação (ões)
of. = oficial
opc. = opcional
Oper. = operação; operário
Org. = organização

(P)

p.b. = peso bruto
P.D. = pede deferimento
P.J. = pede justiça
p.l. = peso líquido
p.p. = por procuração; próximo passado

(Q)

Quadrim. = quadrimestral

(R)

R$ = Real (moeda brasileira)
Rec. = receita
Red. = redução, reduzida
Ref. = reformado; referente; referido
Reg. = regimento; regional; registro; regular
Regul. = regulamento
Rel. = relação
rel. = relativo
Relat. = relatório
Repart. = repartição
Reun. = reunião
Rodov. = rodoviário
Rot. = roteiro

(S)

S.A.R.L. = Sociedade Anônima de Responsabilidade Limitada
S/ = sem; seus; sua
S/A ou S.A. = sociedade anônima
séc. = século
Secr. = secretário
Secret. = secretário(a); secretaria
Semest. = semestral
Serv. = serviço
sind. = sindical
Sind. = sindicato
Soc. = sociedade
Suc. = sucursal

(T)

Tab. = tabela
Téc. = técnica
téc. = técnico
Telecom. = telecomunicações
tes. = tesoureiro
Trab. = trabalho
Tur. = turismo

(V)

Var. = variação, variante
Vesp. = vespertino

Abreviaturas dos meses do ano

Janeiro = jan
Fevereiro = fev
Março = mar
Abril = abr
Maio = maio
Junho = jun
Julho = jul
Agosto = ago
Setembro = set
Outubro = out
Dezembro = dez

Abreviaturas empregadas em referências bibliográficas

A. ou AA. = autor, autores
Apênd. = apêndice
Apud = em, segundo, citado por (referência a documentação não consultada por quem cita)
B. = boletim
bibliogr. = bibliográfico
Bras. = brasileiro ou brasileirismo
Cit. = citação, citado(a)
Col. = coleção
Colab. = colaboração
Colet. = coletânea
E. ou EE. = editor, editores
ed. = edição, Editora
Ex. = exemplar (em bibliografia)
Fac. = faculdade
Fig. = figura
fl. = folha
Frag. = fragmento
Gloss. = glossário(s)
i = índice
Il. = ilustração
il. = ilustrado, ilustrações
Lit. = literatura
N. da E. = nota da editora
N. da R. = nota da redação
op. cit. = na obra citada (do latim, *opus citatum*)
ob. = obra
p. = página (ABNT)
Res. = Resenha, resumo
s.d. = sem data
Trad. = tradução, tradutor

Algumas abreviaturas de títulos, postos e formas de tratamento

Alm. = almirante
Arco. = arcebispo
Bel. = bacharel
Bpo. = bispo
Cap. = capitão
Card. = cardeal
Cel. = coronel
Com. = comandante
Com. = comendador
Cons. = conselheiro
D. = dom/dona
DD. = digníssimo
Dr./Drs. = doutor/doutores
Drª./Drªs. = doutora/doutoras
Emmo. ou Emmº = eminentíssimo
Engo. ou Engº = engenheiro
Exmo. ou Exmº = excelentíssimo
Gal./ Gen. = general
Ilmo. = ilustríssimo
M. D. = muito digno
Revmo. = reverendíssimo
Ten. ou tte. = tenente

Evite usar abreviaturas em texto corrido, no entanto, há casos como unidades de medida, em que é preferível o emprego da abreviatura.

Exemplo: *A reunião está marcada para iniciar às 7h 30min.*

Ainda, os acentos gráficos, bem como os hifens são mantidos quando a palavra é abreviada.

Exemplo: *O séc. XVII, no Brasil, foi de colonização.*

Se o ponto da abreviatura coincidir com o ponto final, escreva apenas um ponto.

Exemplo: *João comprou livros, cadernos, canetas etc.*

Títulos de *doutor, senhor* ou *dom* devem ser abreviados quando acompanharem o nome.

Exemplo: *Dr. Sérgio Amaral. D. Quixote de La Mancha.*

Do mesmo modo, os pronomes de tratamento: V. Sa., V. Exa. etc.

(6.2)

Acentuação gráfica

Destacamos aqui algumas regras e dicas de acentuação gráfica para auxiliar a memorização e facilitar a escrita correta. As seções que seguem ABRANGEM grande parte das regras de acentuação da língua portuguesa.

Palavras proparoxítonas

Todas as palavras proparoxítonas são acentuadas.
Exemplos: *sândalo, médico, lúdico, príncipe, cédula, parágrafo.*

Palavras paroxítonas

Acentuam-se as paroxítonas:

- que terminam em *i* e *u* seguidos ou não de *s*.
  Exemplos: *júri, vírus, lótus, bônus.*
- que terminam em *um* ou *uns*.
  Exemplos: *álbum, álbuns.*
- que terminam em *ão, ãos, ã, ãs*.
  Exemplos: *órgão, sótãos, imã.*
- que terminam em *r, x, n, l*.
  Exemplos: *mártir, tórax, pólen, sensível.*
- que terminam em ditongo oral.
  Exemplos: *jóquei, ministério, vácuo, fêmea.*

De acordo com as regras da nova ortografia da língua portuguesa, as paroxítonas terminadas em ditongo abertos (ói/éi) não devem ser acentuadas.
Exemplos: *ideia, apoio (verbo), heroico, jiboia.*

Palavras oxítonas

Acentuam-se as terminadas em *o(s), e(s), a(s), em, ens*.
Exemplos: *babá, bebê, jiló, porém, parabéns*.

Monossílabos tônicos

Acentuam-se os terminados em *a(s), e(s), o(s)*.
Exemplos: *pá, pés, dó, só*.

Ditongos

São acentuadas as palavras que contêm os ditongos em oxítonas e monossilábicas.
Exemplos: *céu, dói, chapéu, papéis*.

Hiatos

Acentuam-se o *i* e o *u* quando forem tônicos e não formarem sílaba com a vogal anterior.
Exemplos: *saúde, viúva, reúne, doído, balaústre, caíste, juízes, raízes, distribuí-lo*.

Obs.: Porém não se acentuam o *i* e o *u* quando estiverem antes de *nh*.
Exemplos: *rainha, moinho, campainha*.

Acento diferencial

O acento diferencial de intensidade não é mais usado para distinguir verbos e substantivos, salvo nas exceções: *fôrma* diferente de *forma*, uso opcional; *pôr* e *pôde* permacem acentuados.

O acento diferencial morfológico é aquele que aparece na 3ª pessoa do plural dos verbos *ter* e *vir* (e seus derivados) para distingui-la da 3ª pessoa do singular.

Exemplos:

Ele tem/eles têm.
Ele vem/ eles vêm.
Ele detém/ eles detêm.
Ele provém/ eles provêm.

Importante:
De acordo com as regras da nova ortografia da língua portuguesa, o <u>trema</u> não deve mais ser usado, salvo em casos de nomes próprios.

(6.3)
Crase

Crase é a fusão do artigo *a* com a preposição *a* ou com o *a* inicial de pronomes demonstrativos. Essa união é marcada pelo acento grave (`). Primeiro, estudaremos as situações nas quais não se deve empregar o acento indicativo de crase e, logo após, alguns casos especiais.

Onde não devemos utilizar a crase

A fim de que o leitor memorize as regras do processo que origina a crase, foram elaboradas sete situações em que é proibido o emprego da crase, quais sejam:

- 1ª SITUAÇÃO – antes de palavra masculina.
  Exemplo: *Comprei um carro <u>a prazo</u>.*
- 2ª SITUAÇÃO – antes de artigo indefinido.
  Exemplo: *Levamos a mercadoria <u>a uma</u> firma.*

- 3ª SITUAÇÃO – antes de verbo.
  Exemplo: *Fomos obrigados a trabalhar no período da noite.*
- 4ª SITUAÇÃO – antes de expressão de tratamento.
  Exemplo: *Trouxe uma mensagem a Vossa Majestade.*
- 5ª SITUAÇÃO – antes de pronomes pessoais, indefinidos e demonstrativos.
  Exemplo:
  Mostrarei tudo a ela.
  Enviarei o e-mail a qualquer pessoa.
  Não me refiro a esta aluna.
- 6ª SITUAÇÃO – quando o a está no singular e a palavra seguinte está no plural.
  Exemplo: *Refiro-me a funcionárias deste laboratório.*
- 7ª SITUAÇÃO – quando antes do a houver outra preposição.
  Exemplo: *Compareceram perante a justiça.*

Obs.: A preposição *até* admite, facultativamente, a presença do artigo.
Exemplos:
Fomos até a entrada da Universidade.
Fomos até à entrada da Universidade.

O emprego da crase antes de localidade feminina

É empregada a crase antes de localidade feminina quando esta, em outros contextos, aceitar o artigo. Observe: *A* Inglaterra pertence à União Européia assim como Portugal pertence à mesma comunidade.

Exemplo: *Irei à Inglaterra no mês de fevereiro e, logo depois, a Portugal.*

> No entanto: é importante verificar a regência do verbo!

O emprego da crase antes de nomes próprios femininos

Antes de nomes próprios femininos, se houver presença de preposição, a crase torna-se facultativa, pois antes de tais nomes, pode ou não ser utilizado o artigo.
Exemplo: *Escreveu a Paulo e à (ou a) Mariana.*

O emprego da crase antes dos seguintes pronomes: minha, tua, sua, nossa, vossa

Ana refere-se a (à) sua irmã. – crase opcional.
Ana refere-se a suas irmãs. – crase proibida.
Ana refere-se às suas irmãs. – crase obrigatória
É importante verificar a regência do verbo.

Curiosidades

Vender à vista/vender a vista.
Desenhar à caneta/desenha a caneta.
Cheirar à gasolina/cheirar a gasolina.
Matar à fome/matar a fome.
Cara a cara.
Face a face.

Observação: o *a* é SEMPRE uma preposição. Usa-se crase antes das palavras *casa* ou *terra*, se estas estiverem determinadas (casa *de campo*, terra *dos anões*).

(6.4)
Emprego dos porquês

O *porquê*, conforme sua posição e seu significado na frase, pode ser escrito de quatro maneiras diferentes.

- Porque – junto e sem acento
- Porquê – junto e com acento
- Por que – separado e sem acento
- Por quê – separado e com acento

Observe agora como é o uso correto dos porquês de acordo com a norma padrão da língua portuguesa.

Como usar por quê

Antes de ponto final, interrogação, exclamação ou reticências, seu uso é separado e com acento no monossílabo *quê*. *Por quê* significa *por qual motivo*.

Exemplos:
Você fez isso por quê?
Não sei bem por quê.

Como usar porquê

Neste caso, seu uso admite artigo ou pronome adjetivo. *Porquê* significa *razão, motivo*.

Exemplos:
Não entendi o porquê de sua atitude estranha. (a razão)
Estava procurando resposta aos teus porquês. (teus motivos)

Como usar porque

É utilizado o *porque* para introduzir uma explicação, causa ou consequência.

Exemplos:
Apurem o passo, porque o ônibus está chegando.
Porque era distraído, riam dele.

Como usar por que

É utilizado quando puder ser substituído pelas seguintes expressões: *por que motivo, o motivo pelo qual, por qual razão, pelo qual.*
Exemplo: *Não sei por que fiz isso. (o motivo pelo qual)*

(6.5)
Pronomes oblíquos

Estudaremos, sucintamente, tópicos sobre o emprego do pronome oblíquo, procurando exemplificar sempre que possível.

O emprego do pronome oblíquo

O pronome oblíquo proporciona diferentes construções e o seu conhecimento facilita a escrita correta.

Quadro 5 – Pronomes retos, oblíquos átonos e oblíquos tônicos

Pronomes retos	Pronomes oblíquos átonos	Pronomes oblíquos tônicos
Eu, tu, ele, ela	Me, te, se, lhe, o, a	Mim, comigo, ti, contigo, si, consigo, ele, ela
Nós, vós, eles	Nos, vos, se, lhes, os, as	Nós, conosco, vós, convosco, si, consigo, eles, elas

A colocação do pronome oblíquo deve ser respeitada, sob pena de escrevermos ou falarmos de modo equivocado, pois o pronome oblíquo não funciona como sujeito, e sim como complemento do verbo. Observe a sentença a seguir:

– *Professora, é pra mim escrever isso ou é só pra mim ficar olhando?*

O que há de errado com essa indagação? Vamos adequar a frase destacada à norma gramatical:

– *Professora, é pra eu escrever isso ou é pra eu ficar olhando?*

Regra

A regra é muito simples. Antes de um verbo que esteja no infinitivo, isto é, forma nominal terminada em "r", devemos utilizar o pronome pessoal reto EU, que funciona como sujeito do verbo:
Exemplo:

A professora de literatura deu um livro para eu ler.

eu = sujeito do verbo ler
ler = verbo no infinitivo

No entanto, quando não houver verbo no infinitivo, empregamos o pronome pessoal oblíquo *mim*:
Exemplo:

A professora de literatura deu um livro para mim.

para = preposição
mim = pronome oblíquo (complemento do verbo dar)

Exceção

Nesse caso, a exceção ocorre porque o pronome *mim* não está se referindo ao verbo *resolver*, mas é complemento do adjetivo *fácil*.

Exemplos:

Foi fácil para mim resolver os exercícios.
Resolver aqueles exercícios foi fácil para mim.

Após preposição

Após preposições (*até, contra, de, desde, em, entre, mediante, para, por, sem, sob, sobre* etc.) devemos utilizar os pronomes *mim* e *ti*.

Exemplos:

Entre mim e ela não existe nada.
Não há motivo de desconfiança entre mim e Paula.

> *Atenção!*
>
> *A forma* conosco *é substituída por* com nós *quando o pronome pessoal é reforçado por palavras como* outros, mesmos, todos, *ou* algum numeral.
>
> *Exemplos:*
> *Sua irmã terá que viajar com nós todos.*
> *Ela disse que não iria com nós quatro.*
> *Do contrário:*
> *As meninas irão conosco ao teatro.*
>
> *Os pronomes* si *e* consigo *devem ser empregados somente como reflexivos (referem-se ao próprio sujeito do verbo).*

Exemplos:
A professora trouxe <u>consigo</u> as provas (com ela mesma).

Minha amiga é muito egoísta: só pensa em <u>si</u> (pensa nela mesma).

Incorreto:
Exemplo: *João, vou <u>consigo</u> ao cinema.*

Correto:
Exemplo: *João, vou <u>contigo</u> ao cinema.*

(6.6)
Concordância nominal

A concordância nominal, como a expressão mostra, consiste na concordância entre os nomes na frase, isto é, as palavras concordam entre si dentro da oração para que seja construído um discurso harmônico. No entanto, há exceções, que devem ser respeitadas. A seguir veremos algumas dicas importantes a respeito dessa temática.

Anexo, obrigado, mesmo, incluso, quite, leso

Essas palavras, quando adjetivos, devem concordar com o nome a que se referem.
Exemplos:

Seguem <u>anexos</u> os documentos solicitados.
Lucy disse muito <u>obrigada</u>.
Elas disseram muito <u>obrigadas</u>.

Elas mesmas falarão com Carlos.
As fotos estão inclusas no envelope.
Carlos disse estar quite com sua consciência.
Os alunos cometeram um crime de lesa pátria.

Observação: A expressão *em anexo* é invariável.
Exemplo: *Seguem, em anexo, os documentos solicitados.*

Alerta, menos

Essas palavras são invariáveis, portanto não concordam com o termo a que se referem.
Exemplos:

As meninas estavam alerta.
Há menos alunas na sala de aula.

Bastante, caro, barato, meio, longe

Esses termos, quando funcionam como advérbios, são invariáveis. Quando têm a função de adjetivos, pronomes, adjetivos ou numerais, concordam com o nome a que se referem.
Exemplos:

Trata-se de questões bastante difíceis. (advérbio)
Havia bastantes questões na prova final. (pronome adjetivo)
As casas eram caras. (adjetivo)
As bananas custam barato. (advérbio)
Que bananas baratas! (adjetivo)
Lucy parece meio esquisita. (advérbio)
Ela comeu meia barra de chocolate antes da refeição. (numeral)
Nossa casa fica longe daqui. (advérbio)
Já andamos por longes terras. (adjetivo)

É proibido, é necessário, é bom, é preciso

Tais expressões permanecem invariáveis se o sujeito não vier antecipado de artigo.
   Exemplos:

É proibido entrada.
A entrada é proibida.
Entrada é proibido.
As entradas são proibidas.
Pimenta é bom para tempero.
Esta pimenta é boa para tempero.
É preciso cautela.
É necessário prudência.
Muita prudência é necessária.
Prudência é necessário.

O mais... possível, os mais... possíveis

A palavra *possível* concorda com o artigo que inicia a expressão.
   Exemplos:

Carlos encontrou argumentos o mais fáceis possível.
Carlos encontrou argumentos os mais fáceis possíveis.

Só, Sós, A sós

A palavra *só* como adjetivo concorda em número com o termo a que se refere. Como advérbio, significa "apenas", "somente" e é invariável.

Exemplos:

Fiquei só. (adjetivo)
Ficamos a sós. (advérbio)
Só eles ficaram. (advérbio)

(.)
Ponto final

Estudamos, neste capítulo, as abreviaturas. Destacamos algumas das mais usadas no meio empresarial, entretanto, pudemos observar que, em determinados momentos, como em textos corridos, as palavras devem ser escritas por extenso. Também vimos as regras do acento gráfico, assim como o acento indicativo de crase. Foi possível também observarmos outros aspectos da língua portuguesa, necessários para a construção clara, elegante e objetiva de uma redação empresarial.

Indicações culturais

UM AMOR para recordar. Direção: Adam Shankman. Produção: Denise Di Novi e Hunt Lowry. Estados Unidos: DiNovi Pictures; Warner Bros; Gaylord Films, 2002. 100 min.

Um amor para recordar é uma bela história de amor que mostra, especialmente, o valor e a importância de uma das qualidades imprescindíveis para se viver no mundo moderno: a atitude.

WIERZCHOWSKI, L. *O pintor que escrevia*. São Paulo: Editora Record, 2003. 144 p.

O livro *O pintor que escrevia*, de Letícia Wierzchowski, é uma obra literária de linguagem acessível, que narra uma história de amor e de pecado. Muitos anos após a morte trágica do pintor Marco Belucci, sua história foi desvendada não só por meio da pintura, mas pelas palavras que registraram a trajetória intensa de sentimentos contraditórios.

Atividades

1. Acrescente o acento diferencial de crase quando necessário:
   a. A morte ninguém escapa.
   b. Chegamos a conclusão de que o Estatuto não contempla todos os itens.
   c. Não fugiremos a responsabilidade da vida adulta.
   d. Não davam atenção as crianças pedintes.
   e. Devemos dar atenção a pessoas idosas.
   f. A qualquer hora, ela estava a frente da TV.
   g. Ele foi a negócios e dirigiu-se a V. Sª.
   h. Dirigiu-se a Curitiba e a Porto Alegre.
   i. Escrevi a Carina e a Catarina, convidando-as para a festa.
   j. Não fazemos restrições a mulheres.
   k. Fez vários mimos a Ana.
   l. Chegando a Europa, dirigiu-se a Madri.
   m. Iremos a Bolívia.
   n. Viajamos a noite.
   o. Passaram por aqui as pressas.
   p. A princípio, julguei que não chegaríamos a tempo.
   q. Levou a carta a viúva e ficou aguardando a resposta.
   r. Confiei a execução da tarefa a uma pessoa especializada.
   s. Destinou a herança a uma instituição beneficente.

2. Leia atentamente as seguintes orações:
   I – João deu o livro para mim ler.
   II – João deu o livro para eu ler.

   A respeito dessas sentenças, assinale a alternativa correta:
   a. A frase I está certa, pois a preposição *para* exige o pronome oblíquo *mim*.
   b. A frase II está certa, pois o sujeito de *ler* deve ser o pronome do caso reto *eu*.
   c. A frase I está certa, pois *mim* é objeto direto de *deu*.
   d. A frase II está certa, pois *para* exige o pronome do caso reto *eu*.
   e. Ambas as frases estão corretas, pois a preposição *para* pode exigir tanto a forma *mim* quanto a forma *eu*.

3. Acentue, quando necessário, justificando sua escolha na coluna Classificação:

	CLASSIFICAÇÃO		CLASSIFICAÇÃO
Perfil		Presidente	
Taxi		Presidencia	
Incomodo		Relatorio	
Excelencia		Consequencia	
Video		Consequentemente	
Secretaria		Torax	
Telefonica		Eletron	
Interim		Empresa	
Correspondente		Hifen	
Correspondencia		Hifens	
Inadimplente		Ideia	

Inadimplencia		Assembleia	
Exito		Extraordinaria	
Último		Distancia	

4. Complete as frases com uma das formas dos porquês:
   a. .... você não para com isso?
   b. É .... quer me irritar?
   c. Você não fica quieto .... ?
   d. Não vou dizer ....
   e. Qual o .... dessa atitude?
   f. É difícil entender .... você está fazendo isso.
   g. Ela não quis contar .... chama o Renato de zebra.
   h. Estou aflita .... ela disse que voltava cedo.
   i. Se sabem tanto, ... não obtêm notas melhores?
   j. Procura saber .... há tanto movimento nos bancos.
   k. E .... tu mesmo não falaste com ela?
   l. Pensa bem .... é fácil enganar-se.
   m. A crise .... estamos passando há de terminar logo.
   n. Eles vivem brigando .... ?
   o. Não há .... se lamentar.
   p. Acho que o Paulo está doente .... está pálido.
   q. Não vejo .... sacrificar os alunos com mais essa exigência.
   r. Afinal, não se sabe o .... das coisas.
   s. Tu não foste .... estava chovendo ou .... não lembraste?
   t. Vocês brigaram .... ?

(7)

Dúvidas

Maria Alice Braga

Neste capítulo, iremos recapitular algumas construções da nossa língua que, muitas vezes, causam confusão. Cada subitem a seguir contém uma situação importante para a boa escrita.

(7.1)
Dúvidas gramaticais

Há ou a

Usa-se o *há* (verbo) para indicar um tempo passado; equivale ao verbo *fazer*.
Exemplo: *Há muito tempo não vejo meus amigos.*

Usa-se o *a* (preposição) para indicar um tempo futuro, que ainda não passou.
Exemplo: *Talvez voltássemos àquela cidade dali a alguns dias.*

Afim ou a fim

Usa-se *afim* quando corresponde a *semelhante* (adjetivo).
Exemplo: *Eles cumprem papéis afins no atual quadro político.*

Usa-se *a fim* quando se refere a uma locução prepositiva, que significa finalidade.
Exemplo: *Tudo foi feito a fim de chamar nossa atenção.*

Aja ou haja

Usa-se *aja* quando se trata do modo subjuntivo do verbo *agir*.
Exemplo: *Aja com rigor para obter bons resultados.*

Usa-se *haja* quando se tratar do modo subjuntivo do verbo *haver*.
Exemplo: *Haja vento ou não, partirei de madrugada.*

A par ou ao par

Usa-se *a par* quando significa *estar ciente*.
Exemplo: *A funcionária estava a par de suas pendências.*

Usa-se *ao par* quando equivaler a *valores cambiais*.
Exemplo: *O euro está ao par do dólar.*

Cumprimento ou comprimento

Usa-se *cumprimento* quando se referir a uma saudação.
Exemplo: *Cumprimentei o diretor ao final do expediente.*

Usa-se *comprimento* quando corresponder à *medida*.
Exemplo: *O comprimento da saia de Ana incomoda as pobres senhoras da igreja.*

Destratar ou distratar

Usa-se *destratar* quando corresponder a uma ofensa.
Exemplo: *João, traído, destratou Sebastiana na porta da igreja.*

Usa-se *distratar* quando se referir a desfazer um acordo.
Exemplo: *Ana distratou com seu noivo às vésperas do casamento.*

Mal ou mau

Usa-se *mal* quando for o contrário de *bem*. Pode ser advérbio ou substantivo (*mal educado, mal estar*).
Exemplo: *O mal que te causei foi por te amar demais.*

Usa-se *mau* quando for o contrário de *bom*. É um adjetivo.
Exemplo: *Aquele homem tem cara de mau.*

Aonde, donde e onde

Usa-se *aonde* quando se trata do verbo *ir* (preposição *a* + advérbio *onde*).
Exemplo: *Aonde pensas que vais?*

Usa-se *donde* ou *de onde* quando sofrer regência do verbo *vir (originar-se).*
Exemplo: *Donde surgiu tanta gente?*

Usa-se *onde* para qualquer outro verbo que não seja *ir, vir* ou sinônimos.
Exemplo: *Onde estão os livros novos?*

A cerca de, acerca de ou há cerca de

Usa-se *a cerca de* quando se tratar de *a uma distância.*
Exemplo: *Osório fica a cerca de uma hora, de carro, de Porto Alegre.*

Usa-se *acerca de* quando tiver o valor de *sobre, a respeito de* (locução prepositiva).
Exemplo: *Conversavam acerca de política.*

Usa-se *há cerca de* quando se referir a *faz* ou *existe(m), aproximadamente.*
Exemplo: *Moro nesta cidade há cerca de vinte anos.*

Enfim ou em fim

Usa-se *enfim* quando se referir a *finalmente.*
Exemplo: *Enfim sós!*

Usa-se *em fim* quando se tratar de *no final.*
Exemplo: *Estes professores estão em fim de carreira.*

Se não ou senão

Usa-se *se não* quando tiver o mesmo valor de *caso* ou *hipótese de que* (orações adverbiais condicionais).
Exemplo: *Se não chover, irei para a praia.*

Usa-se *senão* para indicar valor contrário; *a não ser, mas sim*.
Exemplo: *Vai de uma vez, senão perdes o trem.*

Em vez de ou ao invés de

Usa-se *em vez de quando* tiver o valor de *em lugar de*.
Exemplo: *Em vez de Paulo, foi Pedro quem trabalhou hoje.*

Usa-se *ao invés de* quando se tratar de *ao contrário de*. É uma variante de *inverso*.
Exemplo: *Ao invés de proteger, resolveu não assumir.*

Todo o ou todo

Usa-se *todo o* quando indicar a totalidade; *inteiro*.
Exemplo: *Todo o Brasil deu as mãos.*

Usa-se *todo* quando se tratar de algo genérico; *qualquer*.
Exemplo: *Toda primavera é florida.*

(.)
Ponto final

O capítulo abordou pontos que sempre suscitam dúvidas a maioria das pessoas que se valem da escrita. Revisar e lembrar aspectos da nossa língua pode ser uma ajuda à memorização de palavras que constituem a boa escrita.

Indicação cultural

MUDANÇA de hábito. Direção: Emile Ardolino. Produção: Teri Schwartz. Estados Unidos: Touchstone Pictures, 1992. 100 min.

Para descontrair, o filme *Mudança de hábito* é uma lição de respeito às diferenças entre as pessoas, reforçada pela valorização dos pontos fortes de cada um. O filme trata dos processos de mudança e da liderança.

Atividades

1. Complete as lacunas das orações seguintes:
    a. Na carreira de repórter, é .... perseverança. (necessário)
    b. ...., ao presente, encaminho-lhe os pareceres da direção. (anexo)
    c. Não foi .... até o momento, a relação dos selecionados.(divulgar)
    d. Na reunião, será .... a exame a proposta de reforma do estatuto. (levar)
    e. Não será .... a presença de estagiários no recinto da assembleia geral. (permitir)

2. Assinale a alternativa que preenche corretamente as lacunas do texto:
    Foi .... mais de um século que, numa reunião de escritores, propôs-se a maldição do cientista que reduzira o arco-íris .... simples matéria: era uma ameaça .... poesia.
    a. a – a – à.
    b. há – à – a.
    c. há – à – à.
    d. a – a – a.
    e. há – a – à.

3. Assinale a alternativa que preenche corretamente as lacunas do texto:
Não .... motivos para acreditarmos nele, pois .... provas e .... testemunhas a seu favor.
   a. faltava – haviam – existiam.
   b. faltavam – havia – existiam.
   c. faltava – havia – existia.
   d. faltavam – havia – existia.
   e. faltavam – haviam – existiam.

4. Assinale a alternativa INCORRETA:
   a. Voltamos a fim de parabenizá-lo.
   b. De repente não se escutou um só ruído.
   c. Eles chegaram em fim de avião.
   d. A opinião da diretoria veio de encontro aos nossos projetos, pois ficou visível o descontentamento da chefia.
   e. Aonde vais com tanta pressa?

Considerações finais

A elaboração deste livro foi um desafio, visto que o processo de escrita, ainda que simples e sobre um assunto técnico, demanda tempo, reflexão e dedicação; torna-se um ato de amor porque se inicia do zero e finaliza-se com o resultado: a obra que adquire vida ao ser entregue ao leitor.

Redação empresarial pretende ser útil àquele que precisar, esclarecendo pontos obscuros ou mesmo relembrando aspectos já estudados. Não pretendemos abordar todos os elementos que envolvem a redação empresarial, a cada dia novos olhares surgem sobre o universo que nos cerca, dando-nos a possibilidade de burilar o conhecimento, especialmente quando este trata de questões sobre a língua.

Para encerrar, nada mais apropriado do que lembrar de quem lidava com a língua como um verdadeiro artífice, o poeta Carlos Drummond de Andrade (1973): "Chega mais perto e contempla as palavras. Cada uma tem mil faces secretas sob a face neutra e te pergunta, sem interesse pela resposta, pobre ou terrível, que lhe deres: Trouxeste a chave?"

Desejamos que o leitor desta obra possa abrir, com sua chave, as modestas palavras contidas nela, desvendando o universo da redação empresarial.

Referências

ANDRADE, Carlos Drummond de. *Poesia completa & prosa*. Rio de Janeiro: José Aguilar, 1973.
BUSUTH, Mariângela Ferreira. *Redação técnica empresarial*. Rio de Janeiro: Qualitymark, 2004.
CUNHA, Celso; CINTRA, Lindley. *Nova gramática do português contemporâneo*. Rio de Janeiro: Nova Fronteira, 2001.
ÉTICA 1. In: Dicionário Houaiss da língua portuguesa. Rio de Janeiro: Objetiva, 2007.
KASPARY, Adalberto J. *Português em exercícios*. Porto Alegre: Edita, 2002.
_____. *Redação oficial*: normas e modelos. Porto Alegre: Edita, 2004.
LUFT, Celso Pedro. *Moderna gramática brasileira*. São Paulo: Globo, 1998.
MARTINS, Dileta Silveira; ZILBERKNOP, Lúbia Scliar. *Português instrumental*. São Paulo: Atlas, 2007.
MEDEIROS, João Bosco. *Redação empresarial*. São Paulo: Atlas, 2005.
NEIVA, Edméa Garcia. *Moderna redação empresarial*. São Paulo: IOB – Thomsom, 2004.
RELATÓRIO 1. In: Dicionário Houaiss de Língua Portuguesa. Rio de Janeiro: Objetiva, 2007.
SANTOS, Olga Barros. *Como escrever bem um discurso*. Disponível em: <http://www.opoderenergeticodavoz.fnd.br/olga.htm>. Acesso em: 22 nov. 2007.
ZANOTTO, Normélio. *E-mail e carta comercial*: estudo contrastivo de gênero textual. Rio de Janeiro: Lucerna; Caxias do Sul (RS): Educs, 2005.

Gabarito

Capítulo 1

a. A sugestão da mesa foi enviada àquela conferência, por se constituir em um pedido antigo daquele povo. (havia excesso de rima em "ao")
b. Na outra vez a diretora se atrasou. (havia cacofonia)
c. O contabilista deixou cair o computador ao colocá-lo sobre a mesa. (havia excesso de rima em "ar/or" e ambiguidade sintática – deixou cair o quê?)

d. O empresário chamou a atenção da secretária e do gerente, que ficou muito constrangido. (a ambiguidade é desfeita com o uso da vírgula, que restringe a segunda oração ao gerente.)
e. Preocupada, a secretária digitava a carta para o diretor da empresa. (havia ambiguidade – quem estava preocupada, a carta ou secretária?)

Capítulo 2

TIMBRE

Rio de Janeiro, 27 de novembro de 2005.

Ximenes &Cia. Ltda.
At.: Depto. Comercial
Curitiba - PR

Prezados Senhores,

Realizamos a compra de dez fardos de papel-toalha no mês de setembro, com prazo de entrega em 15 dias, no máximo, e até a data de hoje não recebemos a mercadoria, tampouco explicação pelo atraso. Queremos lembrar que o material solicitado já foi pago através de um doc. bancário com os dados fornecidos pela organização no ato da compra. O nº do documento de transferência é 123.876.45-90.

Queiram, por gentileza, entrar em contato com nossa empresa para esclarecimentos sobre o assunto.

Atenciosamente,

João Cláudio Menezes Stein
Gerente de compras

Capítulo 4

Relatório de visita à fábrica de balas Doce Mel

Florianópolis, 16 de março de 2006.

Em visita à fábrica de balas Doce Mel, localizada na cidade de Joinvile, Santa Catarina, no dia 14 de março de 2006, a equipe de biólogos, liderada pelo prof. sr. Edgar Kruger, observou o funcionamento do processo de fabricação de balas de mel.

A equipe chegou ao local às 7h 30min, conforme orientação do estabelecimento. Na portaria, após identificação, o professor com os alunos foram até uma sala para vestirem os aventais e toucas, assim como sapatos próprios para ingressarem onde são fabricadas as balas.

Um funcionário conduziu a equipe. Percorreram todo o recinto, observaram as máquinas, os operadores e, durante uma hora, caminharam silenciosa e atentamente pelos caminhos de manufaturamento do líquido dourado até vê-lo transformado em pequenas balas, que são destinadas à embalagem, processo final antes de serem ensacadas.

A visita durou uma hora, foi esclarecedora e contribuiu para o entendimento da transformação do mel em bala.

Na saída, os visitantes foram convidados para um café, com biscoitos fabricados na mesma indústria, localizada em outro bairro. Após o breve café, o prof Kruger e os alunos embarcaram novamente no ônibus que os conduziu de volta à universidade.

Coloco-me à disposição para qualquer informação.

Atenciosamente,

Edgar Kruger
Prof. Dr. em Biociências

Capítulo 5

Sra. Secretária do
Curso de Secretariado Executivo – ULBRA

Gostaria de algumas informações sobre o Curso de Secretariado Executivo, as quais repasso as seguir:
Início das inscrições para o Vestibular de 2009; valor da mensalidade do curso; duração do mesmo; local onde as aulas acontecem. Ainda, quantas línguas estrangeiras incluem o currículo do Secretariado?

Aguardo retorno.

Atenciosamente,

Lúcia Marinez

Capítulo 6

1.
  a. À (ao destino) morte ninguém escapa.
  b. Chegamos à conclusão de que o estatuto não contempla todos os itens.
  c. Não fugiremos à responsabilidade da vida adulta.
  d. Não davam atenção às crianças pedintes.
  e. Devemos dar atenção a pessoas idosas.
  f. A qualquer hora, ela estava à (ao lado) frente da TV.
  g. Ele foi a negócios e dirigiu-se a V. Sª.
  h. Dirigiu-se a Curitiba e a Porto Alegre.
  i. Escrevi à (opcional) Carina e à (opcional) Catarina, convidando-as para a festa.
  j. Não fazemos restrições a mulheres.
  k. Fez vários mimos à (opcional) Ana.
  l. Chegando à Europa, dirigiu-se a Madri.
  m. Iremos à Bolívia.
  n. Viajamos à noite.
  o. Passaram por aqui às pressas.
  p. A princípio, julguei que não chegaríamos a tempo.
  q. Levou a carta à viúva e ficou aguardando a resposta.
  r. Confiei a execução da tarefa a uma pessoa especializada.
  s. Destinou a herança a uma instituição beneficente.

2. resposta a

3.

	Classificação		Classificação
Perfil		Presidente	
Táxi	Paroxítona terminada em "i"	Presidência	Paroxítona terminada em ditongo
Incômodo	Proparoxítona	Relatório	Paroxítona terminada em ditongo
Excelência	Paroxítona terminada em ditongo	Consequência	Paroxítona terminada em ditongo O trema não é mais utilizado
Vídeo	Paroxítona terminada em ditongo	Consequentemente	O trema não é mais utilizado
Secretária	Paroxítona terminada em ditongo	Tórax	Paroxítona terminada em "x"
Telefônica	Proparoxítona	Elétron	Paroxítona terminada em "n"
Ínterim	Proparoxítona	Empresa	
Correspondente		Hífen	Paroxítona terminada em "n"
Correspondência	Paroxítona terminada em ditongo	Hifens	Paroxítona terminada em "ens"
Inadimplente		Ideia	Os ditongos abertos não são acentuados
Inadimplência	Paroxítona terminada em ditongo	Assembleia	Os ditongos abertos não são acentuados
Êxito	Proparoxítona	Extraordinária	Paroxítona terminada em ditongo
Último	Proparoxítona	Distância	Paroxítona terminada em ditongo

4.
- a. *Por que* você não para com isso?
- b. É *por que* quer me irritar?
- c. Você não fica quieto *por quê*?
- d. Não vou dizer *por quê*.
- e. Qual o *porquê* dessa atitude?
- f. É difícil entender *por que* você está fazendo isso.
- g. Ela não quis contar *por que* chama o Renato de zebra.
- h. Estou aflita *porque* ela disse que voltava cedo.
- i. Se sabem tanto, *por que* não obtêm notas melhores?
- j. Procura saber *por que* há tanto movimento nos bancos.
- k. E *por que* tu mesmo não falaste com ela?
- l. Pensa bem *porque* é fácil enganar-se.
- m. A crise *por que* estamos passando há de terminar logo
- n. Eles vivem brigando *por quê*?
- o. Não há *por que* se lamentar.
- p. Acho que o Paulo está doente *porque* está pálido.
- q. Não vejo *por que* sacrificar os alunos com mais essa exigência.
- r. Afinal, não se sabe o *porquê* das coisas.
- s. Tu não foste por que estava chovendo ou *por que* não lembraste?
- t. Vocês brigaram *por quê*?

Capítulo 7

1.
- a. necessário
- b. anexos
- c. divulgada
- d. levada
- e. permitida

2. e.
3. b.
4. c.

Os papéis utilizados neste livro, certificados por instituições ambientais competentes, são recicláveis, provenientes de fontes renováveis e, portanto, um meio responsável e natural de informação e conhecimento.

FSC
www.fsc.org
MISTO
Papel produzido
a partir de
fontes responsáveis
FSC® C103535

Impressão: Reproset
Setembro/2018